Duden

Erste Hilfe

W0070019

Duden

Erste Hilfe

Deutsche Rechtschreibung
und Zeichensetzung

Dudenverlag
Mannheim · Zürich

Bibliografische Information der Deutschen Nationalbibliothek
Die Deutsche Nationalbibliothek verzeichnet diese Publikation in der Deutschen
Nationalbibliografie; detaillierte bibliografische Daten sind im Internet über
http://dnb.d-nb.de abrufbar.

Namen und Kennzeichen, die als Marken bekannt sind und entsprechenden
Schutz genießen, sind durch das Zeichen ® geschützt. Aus dem Fehlen des
Zeichens darf in Einzelfällen nicht geschlossen werden, dass ein Name frei ist.

Das Wort **Duden** ist für den Verlag Bibliographisches Institut GmbH als Marke
geschützt.

Das Werk einschließlich aller seiner Teile ist urheberrechtlich geschützt.

Jede Verwertung außerhalb der engen Grenzen des Urheberrechtsgesetzes ist
ohne Zustimmung des Verlages unzulässig und strafbar. Das gilt insbesondere
für Vervielfältigungen, Übersetzungen, Mikroverfilmungen und die Einspeiche-
rung und Verarbeitung in elektronischen Systemen.

Alle Rechte vorbehalten. Nachdruck, auch auszugsweise, verboten.

© Duden 2011
Bibliographisches Institut GmbH
Dudenstraße 6, 68167 Mannheim
D C B A

Redaktion Simone Senk, Anette Auberle
Autoren Linda Strehl, Christian Stang
Herstellung Monika Schoch

Typografie und Satz Petra Bachmann, Weinheim
Umschlaggestaltung WohlgemuthPartners Neue Kommunikation, Bremen
Umschlagabbildung © iStockfoto.com: Pflaster
Druck und Einband Offizin Andersen Nexö Leipzig GmbH,
Spengleralle 26-30, 04442 Zwenkau

Printed in Germany
ISBN 978-3-411-72193-1
Auch als E-Book erhältlich unter:
ISBN 978-3-411-90378-8
www.duden.de

Inhaltsverzeichnis

Vokale und Vokalverbindungen

Die Laute werden in zwei Gruppen unterteilt: Vokale und Konsonanten. Vokale (Selbstlaute) werden ohne Hilfe eines anderen Lautes ausgesprochen. Man unterscheidet zwischen kurzem oder langem Vokal.
Es gibt:

- **einfache Vokale**: *a, e, i, o, u*
- **Umlaute**: *ä, ö, ü*
- **Doppellaute** (Diphthonge): *ai, au, äu, ei, eu*

Kurze Vokale

- Zwei aufeinanderfolgende Konsonanten kennzeichnen einen kurzen Vokal, er erfährt damit eine **Schärfung:** *Dackel, Mappe, kommen.*

- Nach einem kurzen, betonten Vokal folgen zwei Konsonanten entweder als Doppelkonsonant *(Ball, kennen, fett)* oder als Kombination verschiedener Konsonanten *(Katze, Hitze, Lack, Gebäck).*
  Achtung: *k* und *z* werden ausschließlich in Fremdwörtern verdoppelt: *Akkusativ, Mokka, Pizza.*

- Nach **l, m, n** und **r** sowie nach **Doppellauten** steht kein *ck* oder *tz*: *Balken, Imker, Pelz, Gewürz; Kreuz, Schnauze, spreizen.*

Lange Vokale

Der lang gesprochene Vokal wird häufig **nicht besonders gekennzeichnet:** *Tal, Weg, Blume, mutig, malen, geben.* In zahlreichen Fällen wird jedoch der Langvokal sichtbar durch das Dehnungs-*h*, das lange *i* oder die Dopplung des Vokals.

Das Dehnungs-h

- Oft wird ein langer Vokal durch ein zusätzliches *h* gekennzeichnet, das vor **l, m, n** oder **r** steht: *Mehl, nehmen, Zahn, fahren, dehnen.*

- Wörter mit **qu** oder **sch** vor dem langen Vokal erhalten meist kein Dehnungs-*h*: *Qual, Schere, Schule.* **Aber:** Bei Wörtern mit *-eih* ist das *h* nach *ei* kein Dehnungs-*h*, sondern gehört zur nächsten Silbe: *Rei-he, Wei-her, gedei-hen, lei-hen.*

- Die Vorsilbe **ur-** und die Nachsilben **-bar, -sal, -sam** und **-tum** werden ohne Dehnungs-*h* geschrieben: *Ursache, brauchbar, Schicksal, wundersam, Eigentum.*

Das lange i

- Das lange *i* wird in vielen Wörtern durch Anfügen eines **e (Dehnungs-e)** gekennzeichnet: *Brief, Liebe, tief, probieren, viel.*

- In wenigen Fällen steht **ih** oder **ieh**: *ihm, ihn, ihr, fliehen, ziehen, Vieh.*

• In den meisten **Fremdwörtern** werden das lange **i**
sowie die Endung **-ine** als einfaches *i/-ine* geschrieben:
Exil, Kamin, Musik, Rosine, Apfelsine, Violine.

• Die betonten Nachsilben **-ie**, **-ier** und **-ieren** werden
mit *ie* ohne *h* geschrieben: *Garantie, Biologie, Turnier,
Scharnier, diktieren, gratulieren.*

• Bei einigen wenigen **geografischen Namen** gibt es ein
Dehnungs-*e* nach den Vokalen *a* und *o*: *Staelen, Soest,
Itzehoe.*

Dehnung mit Doppelvokal

• Bei manchen Wörtern wird der lange Vokal durch
die Dopplung der Vokale **a, e** und **o** gekennzeichnet:
Aal, Idee, Moor.

Umlaute und Doppellaute

• Wörter mit dem **Umlaut ä** lassen sich meist von
einem Stammwort mit *a* ableiten: *Bälle* (→ *Ball*),
Gäste (→ *Gast*), *Gämse* (→ *Gams*). Doppelformen
haben: *aufwendig/aufwändig, Schenke/Schänke.*
Ausnahmen: *Eltern* (→ *alt*), *schwenken* (→ *schwan-
ken*). Keine Ableitung auf *a* haben: *Ähre, Bär, Käfer,
März, Lärm, Geländer, sägen, dämmern, gähnen,
abwärts, ähnlich.*

- Wörter mit dem **Doppellaut äu** lassen sich meist von einem Stammwort mit *au* ableiten: *Bäume (→ Baum), Gräuel (→ Grauen), schnäuzen (→ Schnauze).*
  Nicht ableiten lassen sich: *Knäuel, räuspern, Säule, sträuben.*

- Normalerweise schreibt man mit dem **Doppellaut ei:** *Blei, Zeit, Leiter, rein.* In einer eng begrenzten Zahl von Wörtern wird **ai** geschrieben: *Hai, Hain, Kaiser, Laib (= Brotlaib), Maid, Mais, Rain, Saite, Taifun.*

- Umlaute werden nie verdoppelt: *Härchen (→ Haar), Bötchen (→ Boot).*

Gleich klingende Wörter (Homophone)

mit ei und ai

Leib (Körper) – Laib (Brotlaib)

Seite (im Buch) – Saite (am Musikinstrument)

Weise (Art) – Waise (elternloses Kind)

mit und ohne Dehnungs-e nach i

Lied (Gesang) – Lid (am Auge)

Miene (Gesicht) – Mine (im Kugelschreiber)

Stiel (am Besen) – Stil (im Aufsatz)

mit und ohne Dehnungs-h

dehnen (erweitern) – denen (Pronomen)

Mahl (Essen) – Mal (das erste Mal)

mahlen (Getreide) – malen (ein Bild)

sähen (zu sehen) – säen (Aussaat)

Sohle (am Schuh) – Sole (Salz)

späht (zu spähen) – spät (Gegenteil von früh)

Wahl (Abstimmung) – Wal (Meeressäugetier)

wahr (richtig) – war (Präteritum von sein)

wahre (zu wahr) – Ware (Handelsgut)

mit Doppelvokal und Dehnungs-h

Leere (Leerheit)   – Lehre (Ausbildung)

Seen (Gewässer)   – sehen (mit den Augen)

Meer (die See)   – mehr (Gegenteil von weniger)

mit e und ä

Beeren (Früchte)   – Bären (Bär)

Ehre (Anerkennung) – Ähre (Korn)

Gewehr (Waffe)   – Gewähr (Garantie)

Lerche (Vogel)   – Lärche (Nadelbaum)

Wende (Wendung)   – Wände (Wand)

Konsonanten und Konsonantenverbindungen

Konsonanten (Mitlaute) werden mithilfe eines anderen Lautes ausgesprochen. Grundsätzlich unterscheidet man:

- stimmhafte Konsonanten (weiche Aussprache): *b, d, g, w ...*
- stimmlose Konsonanten (harte Aussprache): *p, t, k, f ...*

Konsonantenhäufung

Endet ein Wort in einer Zusammensetzung mit dem gleichen Konsonanten, mit dem das folgende Wort beginnt, stehen die beiden Konsonanten unverändert nebeneinander: *schmallippig, Nebenniere, Zierrat.*

Folgt einem verdoppelten Konsonanten im ersten Wort noch einmal der gleiche Laut, werden **drei gleiche Konsonanten** geschrieben: *Gewinnnummer, Schifffahrt, Balletttänzer.*

Bei den Nachsilben **-in** und **-nis** wird im Plural der Endkonsonant verdoppelt: *Lehrerin* → *Lehrerinnen, Kenntnis* → *Kenntnisse.*

Gleich und ähnlich klingende Konsonanten

v – w: Vase – Wesen, nervös – verwenden

b – p: backen – packen, Kalb – Lump

f – v: Folge – Vogel, elf – brav

g – k: gern – Kern, Jagd – Takt

d – t: Deich – Teich, rund – bunt

dt – tt: Stadt – statt

z – ds: März – abends

ts – ns: stets – morgens

f-Laute

Die meisten *f*-Laute werden auch mit einem *f* geschrieben: *Fehler, Hilfe, Schiff.*

• Steht ein **v am Wortanfang** oder **-ende,** wird es meist wie *f* ausgesprochen: *Vater, aktiv.*

• In Fremdwörtern wird **v wie w** ausgesprochen: *Vase, privat, vakant, Viadukt.*

• In Fremdwörtern wird der *f*-Laut häufig mit **ph** geschrieben: *Phase, Katastrophe, Philosophie.* **Aber:** Einige Fremdwörter kann man auch mit *f* schreiben: *Fotograf, Mikrofon.*

b, d, g und p, t, k

Die Konsonanten *b*, *d*, *g* und *p, t, k* kann man am Wortanfang (Anlaut) gut unterscheiden *(Bass – Pass, Dank – Tank, Guss – Kuss)*,
im Wortinnern (Inlaut) oder am Wortende (Auslaut) klingen sie manchmal sehr ähnlich *(Staub – Lump, Lügner – mäkeln, rund – bunt)*.

Verlängert man den Auslaut (durch Pluralbildung oder den Wechsel in eine andere Wortart), hört man, welcher Konsonant stehen muss:

b oder p:	Sta**b** → Stä**b**e, Sto**pp** → sto**pp**en
d oder t:	Rin**d** → Rin**d**er, Spal**t** → spal**t**en
g oder k:	Betru**g** → betrü**g**en, Tan**k** → tan**k**en

x-Laute

Es gibt verschiedene Schreibungen für den *x*-Laut: *x – ks – cks – gs – chs*.

* Am Wortanfang kann nur **x** stehen: *Xylofon*.

* In der Wortmitte stehen **x, chs** und **ks**: *Axt, Büchse, schlaksig*.

* Am Wortende kommen **alle Varianten** vor: *Box, Keks, unterwegs, Knicks, Lachs*.

* In Tiernamen steht immer **chs**: *Dachs, Fuchs, Luchs, Eidechse, Ochse*.

s-Laute

Für die beiden *s*-Laute (stimmhaft/weich und stimmlos/scharf) gibt es drei Schreibungen: **s, ss** (Doppel-*s*) und **ß** (scharfes *s*, Eszett).

Das stimmhafte s

Das stimmhafte *s* wird immer als **einfaches s** geschrieben. Es steht

- am Wortanfang immer vor einem Vokal: *Salz, Seite, sieben,*

- im Wortinnern häufig zwischen zwei Vokalen: *Reise, lesen, tausend,*

- auch nach *l, m, n* und *r,* wenn ein Vokal folgt: *Felsen, Amsel, Insel, Kurse.*

Das stimmlose s

Das stimmlose s wird je nach Stellung und Umgebung im Wort als **ss** oder **ß** geschrieben. Es steht

- nach einem **kurzen, betonten Vokal** in der Regel als *ss: Genuss, Flüsse, messen, lassen.* Es bleibt auch bei Zusammensetzungen erhalten: *Nussschokolade, Missstand;*

- nach einem **langen Vokal** oder einem **Doppellaut** in der Regel als **ß**: *Straße, beißen, außen.*

• Einige verwandte Wörter haben je nach Wortform mal einen kurzen, mal einen langen Vokal. Sie werden den Regeln entsprechend geschrieben: *Fluss → fließen, Wissen → ich weiß, Maß → messen.*

das und dass

das mit einfachem *s* kann in einem Satz drei verschiedene Aufgaben haben:

• Artikel: <u>*das*</u> *Fahrrad*

• Demonstrativpronomen: <u>*Das*</u> *gefällt mir.*

• Relativpronomen: *Das Fahrrad,* <u>*das*</u> *dort steht.*

dass mit Doppel-*s* ist eine Konjunktion (Bindewort), die zwei Sätze miteinander verbindet: *Ich finde,* <u>*dass*</u> *er nett ist.*

• Vor *dass* steht immer ein Komma.

Ersatzprobe:

Kann man *das* mit *ein, welches, dieses* oder *jenes* ersetzen, schreibt es sich mit einfachem *s*:
Das Heft, das (= welches) dort liegt, gehört mir.
Ist es das (= dieses) Heft?

Verwechselbare Laute

-ig/-lich
Diese Endungen kann man unterscheiden, indem
man den Auslaut verlängert: *friedlich, ehrlich*
(→ *friedliche Welt,* → *ehrlicher Finder), farbig, mutig*
(→ *farbiges Bild,* → *mutige Frau).*

fiel/viel
fiel ist die Vergangenheitsform des Verbs *fallen: Ich fiel
ins Wasser.* **viel** ist ein unbestimmtes Zahlwort in der
Bedeutung *eine Menge: viel Geld, viele Probleme.*

end-/ent-
Zusammensetzungen mit und **Ableitungen von
Ende** werden mit *d* geschrieben: *Endspurt, beenden,
endlich.* Die **Vorsilbe ent-** wird mit *t* geschrieben:
Entlassung, entkommen, entflammbar.

Stadt/Statt/statt
Eine **Stadt** ist ein größerer Ort: *Großstadt* (Plural:
Großstädte), eine **Statt** eine Stelle: *Werkstatt* (Plural:
Werkstätten), **statt** bedeutet *stellvertretend, anstelle
von: stattdessen, statt meiner.*

tod-/tot-
Das **Adjektiv** schreibt sich **mit t:** *der tote Hund,*
das **Substantiv mit d:** *der Tod.*
Aber: *der Tote, Totgeburt, Totschlag.*
Zusammengesetzte Verben werden mit *tot-* gebildet:
totsagen, sich totärgern, sich totarbeiten.
Es gibt Zusammensetzungen mit *todes-: Todesfall,
todesmutig* und *toten-: Totenkopf, totenstill.*

seid/seit

seid ist die 2. Person Plural Präsens des Verbs *sein: Seid ihr noch da?* **seit** ist eine zeitliche Präposition: *Seit gestern bin ich volljährig.*

wieder/wider

wieder bedeutet *zurück* oder *nochmals: wiederkommen, wiedergeben, etwas nie wieder tun.* **wider** hat die Bedeutung *gegen: Widerstand, widersprechen, widersetzen, wider Willen.*

fer-/ver-

Mit **f** schreibt man das Wort *fertig* und alle verwandten Wörter: *abfertigen, Fertigung, schlagfertig.* Mit **v** schreibt man die Vorsilbe **ver-**: *vergeben, verlassen, verzeihen.*

Die Großschreibung

Es gibt Groß- und Kleinbuchstaben (mit Ausnahme des *ß*).

Großgeschrieben werden immer:

- das **erste Wort eines selbstständigen Satzes** (auch nach einem Doppelpunkt): *Ich fiel hin. Wir machen es so: Morgen fahren wir los.*
- der **Beginn der direkten Rede:** *Er fragte: „Was tust du da?"*
- das erste Wort einer **Überschrift** oder eines **Titels:** *Mein schönster Traum* (Aufsatztitel), *Der Spiegel* (Zeitschrift)
- **Substantive** (auch Fremdwörter): *Apfel, Frau, Gesundheit, Psychologie, Make-up.* Dazu gehören auch die Wörter mit den Nachsilben (Suffixen) *-ung, -heit, -nis, -schaft, -tum, -ling* und *-sal: Befreiung, Freiheit, Hindernis, Meisterschaft, Eigentum, Säugling.*

Substantivierte Wörter

Alle Wörter, die als Substantive gebraucht werden (Substantivierung), schreibt man ebenfalls groß, auch wenn sie ursprünglich zu einer anderen Wortart gehören.

Verben

Bei **substantivierten Verben** wird häufig der Artikel vorangestellt: *Das Lesen von Comics macht Spaß. Beim (bei dem) Singen darf man das Atmen nicht vergessen.*
Aber: Fehlt der Artikel, kann groß- oder kleingeschrieben werden: *In der Schule lernt man Schreiben/schreiben.*

Adjektive und Partizipien

Nach Artikeln und **unbestimmten Mengenangaben** wird großgeschrieben: *der Beste, das Gekochte, alles Gute, etwas Neues, nichts Wichtiges, viel Unnützes.*
Das gilt auch für

• **feste Redewendungen:** *im Allgemeinen, den Kürzeren ziehen, auf dem Laufenden bleiben.*

• **Farb- und Sprachbezeichnungen** in Verbindung **mit Präpositionen:** *Bei Rot geht man nicht über die Straße. Das Buch ist auf Koreanisch geschrieben.*

• **Paarformeln:** *Jung und Alt, Arm und Reich.*

Ausnahmen:
• Feste Verbindungen aus Präposition und nicht dekliniertem Adjektiv ohne vorangehenden Artikel schreibt man klein: *durch dick und dünn, über kurz oder lang, von früh bis spät.*

- Wird das Adjektiv dekliniert, ist Groß- oder Klein-
schreibung möglich: *von Neuem/von neuem, bis auf
Weiteres/bis auf weiteres, seit Längerem/seit länge-
rem.*

Pronomen und Zahlwörter

Als **Substantive gebrauchte Pronomen** werden groß-
geschrieben: *das lyrische Ich, dieser Hund ist eine Sie,
kein Er.* Das Gleiche gilt für **substantivierte Zahlwörter:**
*eine Sechs würfeln, eine Eins schreiben, als Erster im
Ziel, die Rechte Dritter, am Zehnten des Monats.*
Aber: *zehn werden, um zwei treffen.*

- **Zahlwörter,** die eine nicht in Ziffern schreibbare
Menge bezeichnen, können groß- oder kleingeschrie-
ben werden: *Dutzende/dutzende, Hunderte/hunderte,
Tausende/tausende.*

- Auch **unbestimmte Zahladjektive** werden großge-
schrieben, wenn sie als Substantive gebraucht werden:
*alles Übrige, das Geringste, etwas Derartiges, jeder
Einzelne.*

- Die **Zahladjektive viel, wenig, ein, andere** werden in
allen Beugungsformen in der Regel kleingeschrieben:
*Die <u>m</u>eisten blieben zu Hause. Es gab viele, die nicht
mitmachen wollten. Nur <u>w</u>enige waren mit dem Inhalt
zufrieden.*

Die Großschreibung ist aber ebenfalls zulässig, wenn diese Wörter nicht als Beifügungen zu Substantiven gebraucht werden: *Die Einen singen, die Anderen tanzen.*
Aber: *Die einen Kinder singen, die anderen Kinder tanzen.*

Weitere Substantivierungen

- **Adverbien:** *im Voraus, im Nachhinein, das Drum und Dran, das Hin und Her, das Auf und Nieder.*

- **Präpositionen:** *das Auf und Ab, das Für und Wider.*

- **Konjunktionen:** *ohne Wenn und Aber, nicht nur das Ob, sondern auch das Wie.*
  Aber: Bei mehrteiligen, mit einem Bindestrich verbundenen Konjunktionen bezieht sich die Großschreibung nur auf das erste Wort: *das Als-ob, das Entweder-oder.*

- **Interjektionen:** *mit Weh und Ach, das Wauwau, das Töfftöff.*

Eigennamen

Eigennamen werden großgeschrieben.

Dies betrifft

- **Personennamen:** *Friedrich Schiller, Konrad Duden, John Lennon,*

- **Sternbilder und Himmelskörper:** *Mars, Orion, Kleiner Wagen, Großer Wagen,*

- Namen von **Institutionen, Behörden, Parteien, Firmen:** *der Deutsche Bundestag, die Vereinten Nationen, die Deutsche Post,*

- **historische Ereignisse:** *die Französische Revolution, der Westfälische Friede,*

- **Titel und Ehrenbezeichnungen:** *der Heilige Vater, der Regierende Bürgermeister (von Berlin).*

Adjektive, Partizipien und Zahlwörter

- Adjektive, Partizipien und Zahlwörter, die zu einem **Personennamen** gehören, schreibt man ebenfalls groß: *Der Alte Fritz, Katharina die Große, Albrecht der Entartete, Elisabeth die Zweite, Karl der Achte, Ludwig der Erste.*

- Von **Personennamen abgeleitete Adjektive** werden dagegen in der Regel kleingeschrieben: *die einsteinsche Relativitätstheorie, die grimmschen Märchen, das ohmsche Gesetz.*

- Will man den **Personennamen** hervorheben, kann man ihn auch großschreiben und mit einem Apostroph von der Endung trennen: *die Einstein'sche Relativitätstheorie, die Grimm'schen Märchen, das Ohm'sche Gesetz.*

Geografische Namen

* **Erdteile, Länder, Regionen, Meere, Städte** usw. werden großgeschrieben: *Europa, Deutschland, Mecklenburg-Vorpommern, Mannheim, Zugspitze, Schwarzes Meer, Bayerischer Wald, der Stille Ozean, Donau.*

* **Adjektive und Partizipien,** die zu einem geografischen Namen gehören, schreibt man ebenfalls groß: *der Bayerische Wald, das Rote Meer, der Indische Ozean, das Kap der Guten Hoffnung, die Vereinigten Staaten von Amerika.*

* **Ableitungen** von geografischen Namen **auf -er** werden immer großgeschrieben: *der Hamburger Hafen, das Wiener Schnitzel, der Schweizer Käse, das Ulmer Münster, ein Bonner Verlag, die Schweizer Banken.*

* **Ableitungen** von geografischen Namen **auf -isch** werden kleingeschrieben, wenn sie nicht Teil eines Eigennamens sind: *der badische Wein, der indische Tee.* **Aber:** *die Mecklenburgische Seenplatte.*

Tageszeiten und Zeitangaben

Großgeschrieben werden
* Tageszeiten mit Artikel oder Pronomen:
Der Abend ist lang. Am Vormittag gehe ich einkaufen. Jeden Mittag koche ich etwas. Dies gilt auch für die Zeitangaben im Genitiv: *eines Tages, eines Abends.*

- Tageszeiten mit Präposition: *zu Mittag essen, gegen Abend kommen.*

- Tageszeiten, die nach den Adverbien *vorgestern, gestern, heute, morgen* und *übermorgen* stehen: *gestern Morgen, heute Abend, morgen Nacht.*

- Wochentage, auch mit Tageszeitangabe: *am Montag, am Freitagmorgen.*

Das Anredepronomen

Das Anredepronomen **Sie** sowie die davon abgeleiteten Formen **Ihre, Ihnen** usw. werden großgeschrieben: *Können Sie mir helfen? Wie geht es Ihnen?*

Die Anredepronomen **du** und **ihr** sowie die Formen **dein** und **euer** werden kleingeschrieben: *Ich danke dir für dein Geschenk.*

In Briefen kann auch großgeschrieben werden: *Ich danke Dir für Dein Geschenk.*

Die Kleinschreibung

Wörter, die keine Substantive sind

Alle Wörter, die keine Substantive sind, werden kleingeschrieben. Dies betrifft:

- Verben *(spielen, rennen)*

- Adjektive *(schön, dumm)*

- Partizipien *(laufend, geschrieben)*

- Artikel *(der, die, das)*

- Pronomen *(du, er, mein)*

- Adverbien *(gestern, leider, sehr, sofort)*

- Präpositionen *(an, auf, bei, wegen)*

- Konjunktionen *(weil, aber, doch)*

- Interjektionen *(autsch, pfui, oh)*

Desubstantivierungen

Substantive, die in eine andere Wortart übergetreten sind, werden kleingeschrieben. Dies können sein:

- Adverbien: *anfangs, teils, willens* sowie die Zeitangaben mit angehängtem *-s: morgens, mittags, abends, nachts*

- Präpositionen: *dank, kraft, laut, statt, trotz*

• unbestimmte Pronomen: *ein bisschen, ein paar (= einige)*. **Aber:** *ein Paar (= zwei zusammengehörende) Socken*

Die Wörter **angst, bange, gram, leid, pleite** und **schuld** werden in Verbindung mit den Verben *sein* oder *werden* kleingeschrieben: *Mir ist angst und bange. Das Unternehmen ist pleite. Sie ist schuld.* **Aber:** *(jemandem) Angst und Bange machen, (jemandem) Schuld geben.*

Aus Substantiven entstandene **Verbzusätze** werden **in getrennter Wortstellung** kleingeschrieben: *preisgeben* → *er gibt preis, teilnehmen* → *wir nehmen teil.*

Allein stehende Adjektive und Pronomen

Allein stehende Adjektive, Partizipien oder **Pronomen** werden kleingeschrieben, wenn ein vorher oder nachher genanntes **Substantiv ergänzt** werden kann: *Die neue Kamera ist besser als die alte (Kamera). Frisches Obst hat mehr Vitamine als gekochtes (Obst). Ist dein Stift kaputt? Nimm doch meinen (Stift).*

Der Superlativ

Der **Superlativ mit am** wird kleingeschrieben, wenn man mit **wie** danach fragen kann: *Diese Regel ist (wie?) am leichtesten zu lernen.*

Der **Superlativ mit aufs** kann groß- oder kleingeschrieben werden: *aufs Beste/beste regeln.*

Pronomen

Pronomen, die die **Rolle eines Substantivs** einnehmen, werden kleingeschrieben. Dazu gehören *manche, jene, jede, beide, eine, einige, alle: Sie hat alles vorbereitet. Das sollen die beiden machen. Das hat jeder schon gesehen.*

Zahlwörter

Die **Grundzahlen** von 0 bis 999 999 schreibt man klein: *Nur drei wissen von dem Geheimnis. Das Training beginnt um sieben.* **Aber**: Ist der Zahlwert oder die Ziffer gemeint, schreibt man groß: *Der Zeiger nähert sich der Elf.*

Zahlwörter, die eine nicht in Ziffern schreibbare Menge bezeichnen, können groß- oder kleingeschrieben werden: *Dutzende/dutzende, Hunderte/hunderte, Tausende/tausende.*

Die **Zahladjektive viel, wenig, ein, andere** werden in allen Beugungsformen in der Regel kleingeschrieben: *Die meisten blieben zu Hause. Es gab viele, die nicht mitmachen wollten.*

Die Großschreibung ist aber ebenfalls zulässig, wenn diese Wörter nicht als Beifügungen zu Substantiven gebraucht werden: *Die Einen singen, die Anderen tanzen.*

Kleinschreibung im Satz

Nach Anführungen innerhalb eines Ganzsatzes
schreibt man klein weiter: *„Wie gehts?", fragte er.*

Mittels Gedankenstrichen oder Klammern **eingescho-
bene Sätze** werden kleingeschrieben: *Dieses Bild – es
ist sehr teuer – wurde soeben verkauft.*

Die Getrennt- und Zusammenschreibung

Verbindungen mit einem Verb

Verb + Verb:
Verbindungen aus Verb und Verb werden in der Regel getrennt geschrieben: *spazieren gehen, baden gehen, laufen lernen, lesen üben.*

Verbindungen mit **bleiben** oder **lassen** können getrennt oder zusammengeschrieben werden, wenn die Verbindung im übertragenen Sinne verwendet wird: *liegen bleiben/liegenbleiben (unerledigt bleiben), stehen lassen/stehenlassen (nicht länger beachten, sich abwenden).* Dies gilt auch für **kennenlernen/kennen lernen**.

Verbindungen mit dem Verb **sein** werden getrennt geschrieben: *da sein, dabei sein, hier sein, zusammen sein.*

Substantiv + Verb:
Verbindungen aus Substantiv und Verb schreibt man getrennt, wenn das Substantiv als eigenständig angesehen wird: *Auto fahren, Rad fahren, Feuer fangen, Schlange stehen, Ski laufen, Maschine schreiben, Kartoffeln schälen.*

Verbindungen aus Substantiv und Verb werden dagegen zusammengeschrieben, wenn das Substantiv als verblasst angesehen wird: *eislaufen, kopfstehen, standhalten, teilhaben.*

Adjektiv + Verb:
Verbindungen aus Adjektiv und Verb werden zusammengeschrieben, wenn durch die Verbindung eine neue Gesamtbedeutung entsteht, die über die Bedeutung ihrer einzelnen Bestandteile hinausgeht: *krankschreiben, (jemanden) freisprechen, kürzertreten (sich einschränken).*

Lässt sich nicht genau entscheiden, ob eine neue, idiomatisierte Gesamtbedeutung vorliegt, kann getrennt oder zusammengeschrieben werden: *(ein paar Tage) freibekommen/frei bekommen, (etwas) gering achten/geringachten, (sich über etwas) klar werden/klarwerden.*

Es kann getrennt oder zusammengeschrieben werden, wenn die mit einem einfachen Adjektiv beschriebene Eigenschaft das Ergebnis der mit einem folgenden einfachen Verb beschriebenen Tätigkeit ist: *blank putzen/blankputzen, glatt hobeln/glatthobeln, leer essen/leeressen.*

In den anderen Fällen wird in der Regel getrennt geschrieben. Dazu zählen vor allem Verbindungen mit Adjektiven, die aus mehreren Wörtern zusammengesetzt oder (z. B. durch **sehr** oder **ganz**) erweitert sind: *bewusstlos schlagen, dingfest machen.*

Präposition + Verb
Verbindungen aus Präposition und Verb schreibt man zusammen: *abfallen, ausrufen, entgegengehen, gegensteuern, nachdenken, überqueren, untersagen, zumachen.*

Adverb + Verb
Verbindungen aus Adverb und Verb schreibt man in der Regel zusammen, wenn hauptsächlich der erste Bestandteil, das Adverb, betont ist: *(sich mit etwas) auseinandersetzen, herbeieilen, niederlegen, vorausfahren, wiederkommen (zurückkommen).*
Aber: *Sie kann wieder lachen.*

Verbindungen aus Präposition und Substantiv

Bestimmte häufig gebrauchte Verbindungen aus Präposition und Substantiv können zusammen- oder getrennt geschrieben werden: *aufseiten/auf Seiten, vonseiten/von Seiten,*

mithilfe/mit Hilfe,

zugunsten/zu Gunsten,

zuungunsten/zu Ungunsten,

zulasten/zu Lasten.

außerstande/außer Stande (sein)

imstande/im Stande (sein)

infrage/in Frage (stellen)

instand/in Stand (setzen)

zugrunde/zu Grunde (gehen)

zuleide/zu Leide (tun)

zumute/zu Mute (sein)

zurande/zu Rande (kommen)

zuschanden/zu Schanden (machen)

zustande/zu Stande (bringen)

zutage/zu Tage (fördern)

zuwege/zu Wege (bringen)

Verbindungen mit einem Partizip oder Adjektiv

Verbindungen aus **Substantiv und Partizip oder Adjektiv** werden zusammengeschrieben, wenn der erste Bestandteil für eine Wortgruppe steht oder in dieser Form nicht selbstständig vorkommt: *bahnbrechend (sich eine Bahn brechend), freudestrahlend (vor Freude strahlend), herzerquickend (das Herz erquickend), luftgekühlt (mit Luft gekühlt), zeitabhängig (von der Zeit abhängig), schneeweiß (weiß wie Schnee).*

Dies gilt generell bei Zusammensetzungen mit einem Fugenelement: *arbeitserleichternd, feuchtigkeitsspendend, altersschwach, anlehnungsbedürftig, lebensfremd; sonnenarm.*

Ist der erste Bestandteil bedeutungsverstärkend oder bedeutungsabschwächend, wird ebenfalls zusammengeschrieben: *brandneu, erzkonservativ, stockdunkel, todtraurig.*

Einzelfallregelungen

Verbindungen aus **Adjektiv oder Substantiv und Partizip** können getrennt oder zusammengeschrieben werden, wenn sie wie ein Adjektiv gebraucht und als Einheit empfunden werden: *Erholung suchende/ erholungsuchende Großstädter, dünn besiedelte/ dünnbesiedelte Landschaften, Not leidende/notleidende Bevölkerung.*

- Zusammengeschrieben werden Verbindungen mit **irgend-:** *irgendein, irgendwann, irgendwer, irgendwie, irgendwo.*
  Aber: Getrenntschreibung, wenn der zweite Bestandteil erweitert ist: *irgend so ein, irgend so etwas.*

- Verbindungen aus **nicht + Adjektiv** können getrennt oder zusammengeschrieben werden: *der nicht berufstätige Elternteil/der nichtberufstätige Elternteil, die nicht amtliche Nachricht/die nichtamtliche Nachricht, die nicht öffentliche Verhandlung/die nicht-öffentliche Verhandlung.*
  Aber: *Der Elternteil ist nicht berufstätig. Die Nachricht ist nicht amtlich. Die Verhandlung findet nicht öffentlich statt.*

- Verbindungen aus **so, wie** und **zu + Adjektiv/Adverb** werden getrennt geschrieben: *so viel, so viele; wie viel, wie viele; zu viel, zu wenig. Kommt er schon so bald? Wie viel kostet das? Das ist zu wenig.*

Aber: Handelt es sich um eine Konjunktion, wird zusammengeschrieben: *Soweit/Soviel ich weiß … Soweit/Soviel mir bekannt ist …*

Der Bindestrich

Verbindungen von Wörtern mit Wortteilen

- Zusammensetzungen von Wörtern mit **Ziffern** und **Einzelbuchstaben:** *1-zeilig, 13-jährig, der i-Punkt.* **Aber:** Kein Bindestrich steht, wenn die Ziffer mit einer Nachsilbe versehen ist: *ein 10tel, die 68er, FKKler, ein 80stel.*

- Zusammensetzungen mit **Abkürzungen** und **Formelzeichen:** *Kfz-Papiere, Musik-CD, km-Zahl, röm.-kath., CO_2-haltig.*

- **Hervorhebung** einzelner Wortbestandteile: *be-greifen, dass-Satz, Hoch-Zeit, Ich-Sucht.*

- **Gliederung** unübersichtlicher Zusammensetzungen: *Lotto-Annahmestelle, Eisenbahn-Fahrplan* oder um Missverständnisse zu vermeiden: *Drucker-Zeugnis/ Druck-Erzeugnis, Musiker-Leben/Musik-Erleben.*

- Zusammentreffen **dreier gleicher Buchstaben:** *Schifffahrt* (auch: *Schiff-Fahrt*), *Kaffee-Ersatz* (auch: *Kaffeeersatz*).

Der Durchkopplungsbindestrich

In mehrteiligen Zusammensetzungen setzt man zwischen allen Bestandteilen einen Bindestrich:

- **Einzelbuchstaben, Abkürzungen und Ziffern:** *A-Dur-Tonleiter, Vitamin-C-haltig, S-Bahn-Wagen, K.-o.-Schlag, 100-m-Lauf, 55-Cent-Briefmarke.* **Aber:** Bei einer Verbindung aus Ziffer, Zeichen und Wort steht der Bindestrich nur zwischen Zeichen und Wort: *5%-Klausel, 20°C-Marke,* bei einer Verbindung aus Ziffer und Nachsilbe nur nach der Nachsilbe: *die 68er-Generation.*

- **Zusammensetzungen mit aneinandergereihten Substantiven:** *Berg-und-Tal-Bahn, Nord-Süd-Gefälle, Frage-und-Antwort-Spiel.*

- **unübersichtliche Zusammensetzungen** mit substantiviertem Infinitiv: *zum Aus-der-Haut-Fahren, das Nicht-mehr-fertig-Werden.*

- **Eigennamen:** *Albrecht-Dürer-Straße, Karl-May-Gesamtausgabe, Rhein-Main-Flughafen, Goethe-Schiller-Denkmal.*

Fremdwörter

Häufig verwendete Fremdwörter folgen der **deutschen** Schreibung: *Akzent, Büro, Kabinett.*

Die **eingedeutschten** und die fremdsprachlichen Schreibweisen stehen oft gleichberechtigt nebeneinander: *Joghurt/Jogurt, Ketchup/Ketschup, Delfin/Delphin, Mayonnaise/Majonäse, Portemonnaie/Portmonee, Panther/Panter.*

Fremdwörter werden häufig mit **ph, rh, th** oder **y** geschrieben: *Alphabet, Rhythmus, typisch.*

Die Silben **phon, phot, graph** können im Deutschen auch mit **f** geschrieben werden: *Megafon/Megaphon, Fotografie/Photographie.*

Wörter mit den Endungen **-tial** und **-tiell** können mit **z** geschrieben werden, wenn verwandte Wörter mit **z** existieren: *essenziell (→ Essenz)/essentiell, potenziell (→ Potenz)/potentiell.*

Die französischen Endungen **é** und **ée** können in einigen Wörtern durch **ee** ersetzt werden: *Drapee/Drapé, Exposé/Exposee, Frappé/Frappee, passé/passee, Rommé/Rommee, Separee/Séparée.*

Die Worttrennung

Einsilbige Wörter

Wörter mit nur einer Silbe kann man **nicht trennen:**
Hahn, Schnee, Ruf.

Mehrsilbige Wörter

Mehrsilbige Wörter trennt man nach **Sprechsilben:**
le-sen, Ho-tel, hin-ter-her, Er-de.

- Ein **einzelner** Konsonant wird immer auf die **neue
  Zeile** gesetzt: *Ha-se, sie-ben, schla-fen, Ru-te, Kri-mi,
  Fra-ge, le-gen, Mö-bel.*
  Das gilt auch für Fremdwörter: *Na-tio-nen, Or-ga-nis-
  mus, prä-mie-ren, Tro-pen, Bal-kon.*

- Bei **mehreren** Konsonanten wird der **letzte** auf
  die **neue Zeile** gesetzt: *es-sen, tan-zen, Fens-ter,
  rann-te, Kat-ze.*

- Ein einzelner **Vokal am Wortanfang oder -ende** kann
  nicht abgetrennt werden: *Ader, Dia.*

- **Zwei gleiche Vokale** und **Doppellaute** dürfen nur
  zusammen abgetrennt werden: *Waa-ge, Ei-mer, Eu-le,
  Kai-ser, sau-er.*

Die Buchstabenverbindungen
ch, sch und ck

Sie gelten als ein Laut und werden **nicht** getrennt:
Brü-che, Fla-sche, Ta-sche, Zu-cker.

Zusammengesetzte Wörter

Sie werden in der Regel nach **sprachlichen Bestand-teilen** getrennt: *Haus-tür, aus-ge-hen.*

* Wörter, die nicht mehr als Zusammensetzungen erkannt werden, können auch nach **Sprechsilben** getrennt werden:
  da-rauf/dar-auf, hi-nauf/hin-auf, he-ran/her-an, da-rum/dar-um. Das gilt auch für Fremdwörter:
  Chi-rurg/Chir-urg, Pä-da-go-gik/Päd-ago-gik, pa-ral-lel/par-al-lel, Ma-gnet/Mag-net.

* Beginnt eine **Nachsilbe mit Vokal,** rutscht der vorher-gehende Konsonant in die neue Zeile: *Leh-re-rin, Ein-la-dung.*

Die Zeichensetzung

Satzzeichen

- Am Ende eines Aussagesatzes steht ein **Punkt:** *Es wird Frühling.* Kein Punkt steht nach Überschriften und Titeln: *Umgang mit Medien, Der Herr der Ringe*

- Ausrufe, Aufforderungen oder Befehle werden mit einem **Ausrufezeichen** beendet: *Hör auf damit! Welch ein Glück!*

- Am Schluss von Fragen steht ein **Fragezeichen:** *Wo warst du? Kommt er heute?*

- Das **Komma** trennt Wörter, Wortgruppen oder Teilsätze voneinander ab: *Ich kaufe Äpfel, Bananen, Milch und Brot.*

- Das **Semikolon** (Strichpunkt) grenzt Sinneinheiten voneinander ab: *Das Semikolon ersetzt den Punkt, wenn dieser zu stark trennt; es ersetzt das Komma, wenn dieses zu schwach trennt.*

- Der **Doppelpunkt** kündigt an, dass auf einen Satz noch etwas folgt: *Er fragte: „Was wünschst du dir?" Beginn: 20:00 Uhr.*

- Der **Gedankenstrich** kennzeichnet etwas Folgendes, oft Unerwartetes: *Hier hilft nur noch eins – sofort operieren!* oder einen Einschub: *Dieses Bild – es stammt von einer großen Künstlerin – wurde bereits verkauft.*

- **Anführungszeichen** stehen vor und hinter der direkten Rede und bei Zitaten: *„Wenn es doch vorbei wäre!",* *rief sie. „Dieses neue Produkt",* so heißt es in der Werbung, *„ist einzigartig."*

- Mit **Klammern** kann man Erläuterungen, Zusätze und Nachträge kennzeichnen: *die Zeichensetzung (Interpunktion), Frankfurt (am Main), den Antrag vollständig ausfüllen (bitte deutlich schreiben).*

- Der **Apostroph** zeigt das Fehlen eines oder mehrerer Buchstaben in einem Wort an: *Bist du's?, So'n Blödsinn!, 'ne nette Geschichte.* **Aber:** Kein Apostroph steht beim entfallenen Schluss-*e* von Verbformen: *Ich komm vorbei. Hör mal!* sowie bei den gebräuchlichen Verschmelzungen von Präpositionen und Artikeln: *ans, ins, aufs, fürs, beim.*

- Der **Ergänzungsstrich** steht, wenn in Zusammensetzungen ein gleicher Bestandteil nur einmal genannt wird: *Feld- und Gartenfrüchte, Ein- und Ausgang, Eisenbahnüber- und -unterführungen.*

Kommaregeln

Das Komma zwischen Sätzen

• Werden **gleichrangige Wörter und Wortgruppen** durch Konjunktionen verbunden, steht kein Komma: *und, oder, sowie, weder – noch, entweder – oder, sowohl – als auch: Er wird weder heute noch morgen kommen.*
  Aber: Das Komma steht bei *aber* und *sondern*: *Wir waren arm, aber gesund. Der Ball ist nicht rot, sondern grün.*

• Das Komma **zwischen Hauptsätzen:** Zwei gleichrangige Hauptsätze werden durch ein Komma voneinander getrennt: *Morgens regnete es, gegen Mittag kam die Sonne hervor.* Die Wörter *und, oder* und *sowie* können das Komma ersetzen: *Morgens regnete es(,) und gegen Mittag kam die Sonne hervor.*

• Wenn eine Fügung mit **als** oder **wie** ein Prädikat enthält, muss ein Komma gesetzt werden: *Wir haben mehr Stühle, als nötig sind.*
  Aber: Gibt es kein Prädikat, steht kein Komma: *Wir haben mehr Stühle als nötig.*

- Das Komma **zwischen Hauptsatz und Nebensatz:**
  Ein Nebensatz (erkennbar an Konjunktionen wie *weil,
  wenn, obwohl, seit*) wird von einem Hauptsatz durch
  ein Komma abgetrennt: *Mein Magen knurrt, weil ich
  Hunger habe.*

- Das Komma **zwischen Nebensätzen:** Zwischen Neben-
  sätzen steht ebenfalls ein Komma: *Der Lehrer erwar-
  tet, dass die Schüler tun, was er ihnen im Unterricht
  sagt.*

Das Komma zwischen Satzteilen

- **Infinitivgruppen:** Das Komma muss in drei Fällen stehen:

  - Die Infinitivgruppe wird mit *als, [an]statt, außer, ohne, um* eingeleitet: *Er konnte nichts Besseres tun, als zu gehen.*

  - Die Infinitivgruppe hängt von einem Substantiv ab: *Er fasste den Gedanken, den Arbeitsplatz zu wechseln.*

  - Die Infinitivgruppe wird durch ein hinweisendes Wort angekündigt oder wieder aufgenommen: *Er rechnet damit, die Erlaubnis zu bekommen. Wichtig ist es, sich mit den Regeln auseinanderzusetzen.*

  Außerdem kann das Komma stehen, um die Gliederung des Satzes zu verdeutlichen oder etwaigen Missverständnissen vorzubeugen: *Ich empfehle(,) ihm zu folgen.*
  Aber: *Ich empfehle ihm(,) zu folgen.*

- **Aufzählungen:** Das Komma trennt die Teile einer **Aufzählung**: *Er kaufte Brot, Wurst, Eier und Obst. Ein schöner, großer Garten (→ ein schöner und großer Garten).* Wenn das letzte Adjektiv mit dem Substantiv einen Gesamtbegriff bildet, steht kein Komma: *ein schneller italienischer Sportwagen (→* nicht: *schnell und italienisch).* Kein Komma steht, wenn die Glieder mit *und, oder, sowie* verbunden sind: *Sie wirkte ruhig, gelassen, fröhlich und entspannt.*

- **Appositionen:** Das Komma trennt die Apposition vom Hauptsatz ab: *Das ist Michael, mein Bruder.*
  Die Apposition kann auch von Kommas eingeschlossen sein: *Rita, unsere Klassensprecherin, beschwerte sich beim Lehrer.*
  Aber: Gehört die Apposition zum Namen, steht kein Komma: *Heinrich der Löwe wurde ...*

- **Anrede und Ausruf:** *Ich wünsche dir, liebe Linda, alles Gute. Was, du kommst nicht?*

- **direkte und indirekte Rede:** *„Ich gehe heim", sagte er. Er sagte, er habe nicht gelogen.*

Viel Inhalt und edles Design verbinden?

Wenn, dann richtig.

Duden pur – in der neuen Designedition zeigen sich Wörterbuch
und Grammatik von ihren schönsten Seiten: geprägter Einband,
abgerundete Ecken und Banderole. Ob zum Nachgucken oder
einfach zum Angucken, am Schreibtisch oder unterwegs, die
kompakten Sprachratgeber nimmt man gerne zur Hand.